Bärbel Dieminger

Spielerisch voltigieren

SPIELERISCH VOLTIGIEREN

Inhalt

Voltigieren –
Turnen auf dem Pferd 3
   Wo kann man voltigieren? 3
   Das Voltigierpferd 4
   Kleidung 5
   Hilfsmittel 6

Spaß und Spiele 7
   Spiele rund ums Pferd
   ohne Materialien 8
   Spiele rund ums Pferd
   mit Materialien 11
   Spiele auf dem Pferd
   ohne Materialien 12
   Spiele auf dem Pferd
   mit Materialien 14

Der Aufbau einer
Voltigierstunde 20
   Unterrichtsschwerpunkt 20
   Gliederung einer
   Unterrichtseinheit 21
   Sicherheit und Unfallverhütung 22

Wettkampfsport 23
   Die Pflichtübungen 23
   Die Kür 30

Literaturhinweise 32

Impressum

Copyright © 2003 by
Cadmos Verlag GmbH, Lüneburg
Alle Spiele nach Ideen von Hildegard Rosemann
Gestaltung und Satz: Ravenstein, Verden
Fotos: Bolze, Krenz, Maierhofer
Zeichnungen: von Hacht
Druck: Westermann Druck, Zwickau

Alle Rechte vorbehalten.
Abdrucke oder Speicherung in
elektronischen Medien nur nach
vorheriger schriftlicher Genehmigung
durch den Verlag.
Printed in Germany.

ISBN 3-86127-266-0

VOLTIGIEREN – TURNEN AUF DEM PFERD

Voltigieren – Turnen auf dem Pferd

Unter Voltigieren versteht man im weitesten Sinne gymnastische Übungen auf dem galoppierenden Pferd. Im Laufe vieler Jahre hat sich das Voltigieren aus der körperlichen Ertüchtigung für Soldaten und aus unterhaltendem circensischen Geschehen zu einem Wettkampfsport entwickelt, in dem sogar Weltmeisterschaften ausgetragen werden. Zunehmend findet sich das Voltigieren auch im Schulsport wieder.

Kürübung mit hohem Schwierigkeitsgrad

Wo kann man voltigieren?

In vielen Reitvereinen und auf Reiterhöfen gibt es Voltigiergruppen. Probe- und Schnupperstunden sind meistens möglich, damit Kinder ausprobieren können, ob sie Spaß am Voltigieren haben. Normalerweise findet Breitensportvoltigieren einmal in der Woche statt, Wettkampfgruppen trainieren öfter.

Der Ausbilder ist Pferdefachmann oder -fachfrau, Pädagoge, Longenführer, Trainer, Kinderbetreuer und Organisator in einer Person. Ausbildungsgänge zu verschiedenen Trainerlizenzen werden von einigen Landes-Reit- und -Fahrschulen und der Fachschulen für Voltigieren

Vor dem Voltigieren bereiten die Kinder zusammen das Pferd vor.

Auf Außenplätzen macht besonders im Sommer das Voltigieren Spaß.

in Hohenhameln und Köln angeboten: Trainer C-, B- und A-Lizenz. Damit alle mit Spaß und Motivation zum Voltigieren kommen, sind die Fähigkeiten des Ausbilders von einiger Bedeutung. Korrekter Umgang mit dem Pferd, gutes Longieren, sportpädagogische Kenntnisse, Ideenreichtum, Sachverstand und Geschick im Umgang mit Kindern: all das bildet eine solide Basis.

Das Voltigierpferd

Das Pferd spielt eine wichtige Rolle beim Voltigieren. Kinder, die mit dem Reiten beginnen wollen, finden sich oft zunächst in einer Voltigiergruppe wieder und sammeln so erste Erfahrungen mit Pferden. Vertrauen zum Pferd gewinnen und das Verhalten des Tieres kennen lernen sind hier die ersten Schritte.

Die Größe des Pferdes spielt eine Rolle mit Blick auf sein Einsatzgebiet. Wird es für Spiel- und Anfängergruppen eingesetzt, sind Kleinpferde und kräftige Ponys geeignet, wenn sie die erforderlichen Voraussetzungen mitbringen. Für den Wettkampfsport sind größere und kräftigere Pferde erforderlich, denn zum Teil müssen sie dann drei Kinder oder Jugendliche bei Partnerübungen tragen können, ohne den Schwung der Galoppade zu verlieren.

Das Pferd muss gesund und ausgewachsen sein, darf keine Stellungsfehler haben und muss besonders für den Wettkampf über eine ausgezeichnete Fitness und Kondition verfügen. Für den Wettkampf ist eine gute Galoppade von Vorteil. Das Pferd sollte gleichmäßig auf dem Zirkel an der Longe galoppieren können und dabei an den Hilfen des Longenführers stehen.

VOLTIGIEREN – TURNEN AUF DEM PFERD

Auf diesen Typ Voltigierpferd trifft man sehr häufig.

Weitere notwendige Eigenschaften sind ein ehrlicher Charakter und ein ausgeglichenes Temperament. Zuverlässigkeit, Gehorsam und Nervenstärke sind erforderlich, wenn Kinder von allen Seiten herankommen, es putzen und streicheln wollen.

Das Pferd trägt für die Voltigierstunde einen Voltigiergurt mit einem Polster darunter und häufig eine Decke zur Schonung des Rückens. Es ist mit einer Trense gezäumt und ausgebunden. In den Trensenring ist die Longe eingeschnallt, die der Longenführer in der Hand hält.

Kleidung

Zum Voltigieren eignet sich legere Sportkleidung. Sie sollte nicht zu weit sein, damit die Kinder nicht so leicht hängen bleiben und damit Ausführungsfehler besser korrigiert werden können. Turnschuhe mit weicher durchgehender Sohle, also zum Beispiel Gymnastikschuhe mit rutschfester Sohle, sind am geeignetsten. Im Winter ist wärmende Kleidung unbedingt notwendig, um Verletzungen und Erfrierungen vorzubeugen.

Wettkampfkleidung muss der LPO und den Richtlinien für Voltigieren entsprechen und sollte ein ansprechendes, einheitliches Erscheinungsbild sicherstellen.

Ausrüstung eines Voltigierpferdes

Spielerisch voltigieren

Trainingskleidung sollte leger, doch nicht zu weit sein.

Hier sind Teilnehmer von zwei verschiedenen Gruppen in Wettkampfanzügen zu sehen.

Hilfsmittel

Das Holzpferd ist ein in jeder Hinsicht nützlicher Zeitgenosse. Vorübungen am Holzpferd schonen das lebende Pferd, Hilfestellung ist besser möglich, wenn schwierige Übungen ausprobiert und eingeübt werden.

Tücher, Bälle, Reifen, Pylone, Springseile, Sandsäckchen und ähnliche Materialien aus dem psychomotorischen Bereich lassen sich besonders in Spiel- und Anfängergruppen vielfältig einsetzen.

So kann ein Holzpferd aussehen.

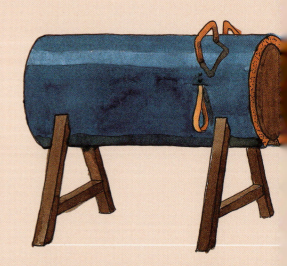

Spass und Spiele

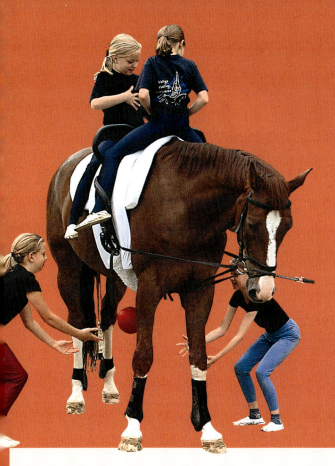

Materialien lassen sich vielfältig einsetzen.

Spaß und Spiele

Anders als im Leistungs- und Turniersport ist man auf breitensportlicher Ebene nicht an ein bestimmtes Regelwerk gebunden, sondern allein dem Tierschutz verpflichtet. Hier kann sich der Ideenreichtum rund um das Pferd frei entfalten. Der Spaß im Umgang mit dem Pferd und die Freude an der Bewegung, zusammen mit Gleichgesinnten in einer Gruppe, steht hier im Vordergrund. Es kann beispielsweise auf der rechten Hand voltigiert werden. Trab ist kein Tabu. Auch der Zirkel muss nicht bestehen bleiben. Wichtig ist die sachgemäße Durchführung, die durch solide Ausbildung des Longenführers garantiert wird. Nur so ist ein sicheres und zweckmäßiges Voltigieren möglich.

Gruppenspiele, die das Pferd einbeziehen, fördern Sinne und Gefühl: Körperbewusstsein, taktile, auditive und visuelle Wahrnehmung, Visumotorik, verbale Kommunikation, Merkfähigkeit, Kreativität, Partnerschaft und Gruppenverhalten. Leistungsdruck und überzogenen Erwartungshaltungen wird entgegengewirkt. Bewegungsfreude und Motivation werden entwickelt. Verantwortungsbewusstsein gegenüber dem Lebewesen Pferd baut sich im Laufe der Zeit auf, ohne erdrückend zu werden und das Kind zu überfordern, denn die Gruppe arbeitet zusammen und der Gruppenleiter behält den Überblick.

Wichtiger Hinweis:

Das Pferd muss mit Hilfe von Erwachsenen oder erfahrenen Voltigierern an den Umgang mit den verschiedenen Spielmaterialien gewöhnt werden.

Je nach Alter und Leistungsstufe können passende Spiele ausgewählt werden. Das Pferd muss mit den verschiedenen Materialien und Gegenständen vertraut sein, um ein gefahrloses Spielen möglich zu machen! Manch ein Pferd entwickelt einen besonderen Sinn für das Mitspielen. Spielerisch kann sicherheitsbewusstes Verhalten vermittelt werden wie Sichern und Helfen oder Unfallverhütung rund um das Pferd; die Kinder lernen zum Beispiel, nicht vor dem Pferd herzulaufen oder in den Zirkel zu kommen. Spiele rund um das Pferd eignen sich gut zum Warmwerden und können sowohl die Voltigierer als auch das Pferd auf das Voltigieren einstimmen.

Auch auf breitensportlicher Basis gibt es Wettbewerbe, die Schwerpunkte im Umgang mit dem Pferd, Geschicklichkeit, Wettspiele und Schau setzen. Weiterhin gibt es Spielgruppenwettbewerbe, bei denen Pflichtübungen aus der Leistungsklasse D im Galopp und Kürübungen im Schritt geturnt werden.

Spiele rund ums Pferd ohne Materialien

Ratespiel
Ein Kind denkt sich ein Haustier aus und läuft am Gurt mit. Die anderen Kinder raten der Reihe nach, bis das Tier erraten wurde. Das Kind, das richtig geraten hat, läuft nun in der Gangart am Gurt mit und denkt sich ein neues Tier aus.

Spiegelspiel
Je ein Kind geht innen und außen neben und hinter dem Pferd her. Die anderen befinden sich auf dem Außenzirkel. Das Kind innen macht eine Armhaltung, ein Symbol oder eine Zahl mit den Fingern vor. Sein Partner ahmt dies spiegelbildlich nach. Dabei muss das hinter dem Pferd hergehende Kind den „Spiegel" spielen. Die übrigen Voltigierer achten auf die richtige Ausführung. Danach wechseln die Spieler.

Mitlaufen am Pferd
Je ein Voltigierer läuft außen und innen am Gurt, je ein Voltigierer außen und innen an der Hinterhand. Der Rest läuft hinter dem Pferd her. Ein Voltigierer beginnt und ruft ein anderes Kind auf, das mit ihm den Platz tauschen soll. Ein Voltigierer steht beim Ausbilder und tauscht nach Zuruf mit einem anderen Voltigierer seinen Platz.

Duck dich
Alle Kinder laufen zwischen der Zirkelbahn des Pferdes und dem Ausbilder entgegen der Laufrichtung des Pferdes durcheinander. Kommt die Longe in die Nähe eines Kindes, duckt es sich, bis die Longe über seinem Kopf hinweg ist, und läuft dann weiter.

Rundlauf
Je ein Voltigierer läuft außen und innen am Gurt, je ein Voltigierer außen und innen an der Hinterhand. Die restlichen Voltigierer sind beim Ausbilder. Auf Zuruf werden die Positionen gewechselt: Das nächste Kind läuft los, das innen am Gurt laufende Kind lässt sich an die Hinterhand zurückfallen, das Kind an der inneren Hinterhand läuft hinten um das Pferd nach außen zur Hinterhand, das bis dahin dort laufende Kind spurtet vor zum Gurt

Spass und Spiele

Aufmerksamkeit und Reaktionsvermögen sind bei diesem Spiel nötig.

Zuerst geht es oft ein bisschen durcheinander, bevor jeder die nächste Position erfasst hat.

außen und das Kind, welches am Gurt außen war, läuft hinter dem Pferd zurück zur Mitte. Dann läuft das nächste Kind aus der Mitte los.

Laufen
Die Voltigierer laufen in einer Reihe hinter dem Pferd her und geben sich jeder eine Zahl von 1 aufwärts. Sobald der Ausbilder nun beispielsweise „Innen 4" oder „Außen 6" ruft, läuft der betreffen-

SPIELERISCH VOLTIGIEREN

Ganz groß strecken, bitte!

Rückwärts laufen ist für manche Kinder gar nicht so einfach.

de Voltigierer innen oder außen vor bis zum Anfang der Reihe.

Varianten: Die Voltigierer halten größere Abstände, hinten beginnt ein Slalomlauf. Eine Version, die noch mehr Aufmerksamkeit braucht: Die Voltigierer laufen in einer Reihe hinter dem Pferd her. Auf Kommando „Kehrt" drehen sie sich um und laufen auf dem inneren Zirkel dem Pferd entgegen unter der Longe durch. Auch gymnastische Übungen wie Riesenschritte, Laufen auf den Zehenspitzen, Rückwärtslaufen, Seitgalopp, Hüpfen oder Armschwingen lassen sich gut einbauen. Koordination und Konzentration werden gefördert, wenn man sich zusätzlich an einem Partner orientieren muss: Die Kinder laufen paarweise hinter dem Pferd her. Auf Zuruf spurten die ersten beiden Voltigierer rechts und links zum

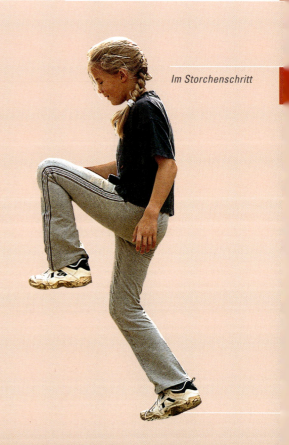

Im Storchenschritt

Gurt und laufen im Rhythmus des Pferdes mit, bis das nächste Paar wiederum auf Zuruf ablöst.

Turnen

Die Kinder sind auf dem Außenzirkel gleichmäßig verteilt. Sie turnen gymnastische Übungen, wenn das Pferd vorbei kommt, zum Beispiel Liegestütze oder Stehen auf einem Bein. Ein Kind macht eine Übung vor und die anderen machen sie nach, wenn das Pferd bei ihnen ist. Eine Übung wird so lange ausgehalten oder wiederholt, bis das Pferd wieder vorbei kommt. In der nächsten Runde macht das nächste Kind eine Übung vor.

Spiele rund ums Pferd mit Materialien

Ballwerfen

Ballwechsel mit je einem Kind innen und außen am Pferd: Die Kinder rollen oder werfen und fangen den Ball zwischen den Pferdebeinen durch. Sie können ihn auch über den Pferderücken werfen oder beides kombinieren.

Platz-Tausch

Die Kinder stehen gleichmäßig verteilt auf dem Außenzirkel. Ein Kind befindet sich auf dem Innenzirkel und wirft einem anderen durch die Pferdebeine oder über den Pferderücken den Ball zu. Danach tauschen diese beiden Spielpartner ihre Plätze, und der Voltigierer mit dem Ball kann nun dem nächsten Partner den Ball in gleicher Weise zuspielen. Bei kleineren Kindern, die sich noch nicht gezielt zuwerfen können, sollte man mit zwei Voltigierern und zwei Bällen beginnen. Während das außen stehende Kind den Ball wieder holt, wirft der zweite Voltigierer aus dem Innenzirkel dem nächsten Kind den Ball zu. So werden Wartezeiten verhindert, und der Spielfluss bleibt bestehen.

SPIELERISCH VOLTIGIEREN

Einmal heißt es den Ball oben weitergeben ...

... dann den Ball unten durch die Beine weitergeben.

Ball-Reihe

Die Kinder gehen in einer Reihe hinter dem Pferd her. Das erste Kind hat den Ball und gibt ihn über den Kopf mit beiden Armen zu seinem Hintermann; der gibt den Ball weiter, bis die Reihe durch ist. Das letzte Kind läuft mit dem Ball an den Anfang der Reihe und gibt den Ball wieder nach hinten. Eine Variation kann sein, dass die Kinder den Ball durch die Beine weiterreichen, oder eine Kombination aus beidem.

Sandsäckchen

Die Kinder gehen hinter dem Pferd her. Sie balancieren Sandsäckchen auf verschiedenen Körperteilen.

Spiele auf dem Pferd ohne Materialien

Reiter-Spiegelspiel

Zwei Kinder sitzen hintereinander auf dem Pferd. Das vordere Kind macht verschiedene Armbewegungen und Armhaltungen vor, die der Hintermann nachahmt. Die Voltigierer können sich auch gegenüber sitzen, ein Kind auf dem Hals, und ihre Turnübungen durchführen.

Blindes Tastspiel

Ein Kind reitet mit geschlossenen Augen auf dem Zirkel. Bei einem Kind auf dem Außenzirkel hält der Ausbilder das Pferd an. Das Kind auf dem Pferd soll nun durch Tasten herausfinden, um wen es sich handelt.

Spiegelbild ertasten

Zwei Voltigierer sitzen hintereinander auf dem Pferderücken. Der Hintermann schließt die Augen. Während dieser Zeit turnt der Vorder-

SPASS UND SPIELE

Wenn man den anderen so gut sehen kann, ist das Spiegelspiel nicht so schwer.

tief hängenden Zweigen auszuweichen, oder er stellt sich auf das Pferd, um ganz weit Ausschau halten zu können. Bei jeder neuen Begebenheit darf ein anderes Kind aufs Pferd und den Teil der Geschichte pantomimisch spielen.

Mensch, ich kann eine riesige Bisonherde sehen!

mann eine erdachte Armhaltung, die der hintere Voltigierer ertasten und nachahmen muss. Die am Rande stehenden Kinder entscheiden, ob sie richtig durchgeführt wurde, und geben Tipps.

Spaßübungen nachturnen

Ein Voltigierer turnt eine erdachte Übung vor, der Nächste macht sie nach und denkt sich eine neue Übung aus, und so fort. Die Kinder können sich auch zu zweit eine Übung ausdenken.

„Kleiner Biber" und „Sternschnuppe"

Der Ausbilder erzählt die (frei erfundene!) Geschichte des Indianerjungen „Kleiner Biber" und seines Ponys „Sternschnuppe". Kleiner Biber erlebt viel bei seinem Ritt auf Sternschnuppe: Er muss sich zum Beispiel auf den Bauch legen, um

Spielerisch voltigieren

Bewegungsübung: nicht nach vorn schauen und nicht Po auf Pferd, ganz klar!

Aufgepasst – der Ball kommt!

Bewegungsaufgaben

Die Kinder sollen versuchen, mehr oder minder schwierige Aufgaben zu lösen, zum Beispiel: „Reite, ohne dass dein Po den Pferderücken berührt", „... ohne nach vorn zu schauen", „... so, dass nur eine Hand den Gurt berührt!" Im nächsten Schritt werden die Bewegungen kombiniert: „Du darfst beim Reiten nicht nach vorn schauen und nicht mit deinem Po den Pferderücken berühren!" Auf diese Weise lassen sich Übungen gut vorbereiten.

Spiele auf dem Pferd mit Materialien

Fang den Ball

Ein Voltigierer gibt von innen dem auf dem Pferd sitzenden Voltigierer einen Ball an. Dieser wirft den Ball über den Kopf nach hinten in die Gruppe der mitlaufenden Kinder. Das Kind, das den Ball fängt oder bekommt, darf zuspielen. Wer zwei Mal den Ball bekommt, darf aufs Pferd.

Wanderball

Zwei Voltigierer sitzen auf dem Pferderücken, zwei weitere laufen innen und außen mit, die anderen schließen sich dem Pferd auf der Zirkellinie paarweise an. Der innen laufende Voltigierer gibt nun dem ersten Reiter einen Ball. Dieser reicht ihn an seinen Hintermann weiter,

SPASS UND SPIELE

Wenn das Pferd steht, ist es ganz einfach, zwischen den Pferdebeinen hindurch den Ball zu werfen.

Dieser Ball ist sicher im Nest gelandet.

der ihn dem äußeren Voltigierer weiter reicht. Die beiden laufenden Voltigierer tauschen ihre Plätze, und es beginnt von neuem. Das Ganze kann auch paarweise gespielt werden: Ein Paar läuft an, alle vier Akteure werden ausgewechselt. Der außen stehende Voltigierer wirft zum Abschluss den Ball zwischen den Pferdebeinen durch zum innen laufenden Kind, womit der Spielkreis geschlossen ist. Der Hintermann auf dem Pferd kann außerdem knien oder stehen.

Wurf ins Vogelnest

Ein Voltigierer turnt aus dem Rückwärtssitz eine durchhängende Bank (Nest). Alle anderen versuchen nun abwechselnd einen Ball von unten so in das Nest zu werfen, dass er liegen bleibt. Der Voltigierer auf dem Pferd darf durch geschickte Bewegungen mithelfen.

Wurf durch das Nadelöhr

Ein Voltigierer stellt die Füße auf den Pferderücken und drückt den Po so hoch, dass ein Dreieck (Nadelöhr) entsteht. Paarweise versuchen nun zwei Voltigierer, die innen und außen neben dem Pferd laufen, sich den Ball durch das Nadelöhr zuzuspielen. Hier sind vielerlei Varianten möglich: Der Voltigierer kann zum Beispiel eine kleine Bank turnen oder, noch schwieriger, aus dem Rückwärtssitz eine kleine Bank turnen. (siehe Bild auf Seite 16)

SPIELERISCH VOLTIGIEREN

Wurf durch das Nadelöhr: Gut zielen, damit der Ball nicht an den Beinen oder Armen hängen bleibt.

Ringbalancieren

Ein Voltigierer sitzt auf dem Pferd und erhält einen Gummiring, den er sich auf den Kopf legt. Wie viele Pferdeschritte lang (alle Kinder zählen mit) kann er den Ring – ohne ihn festzuhalten – auf dem Kopf balancieren, ehe er herunterfällt? Das Spiel lässt sich variieren, indem die Kinder paarweise oder zu dritt auf dem Pferd sitzen.

Stangenübergang

Ein Voltigierer reitet über eine am Boden liegende Stange und versucht, die sich ändernde Bewegung des Pferdes zu erspüren. Dann schließt es die Augen. Nun muss das Kind mit geschlossenen Augen den Moment nennen, in dem das Pferd über die Stange tritt, zum Beispiel mit „Jetzt!". Schwieriger wird es noch, wenn das Kind nach Übertreten der Stange eine Übung beginnen und spätestens vor der nächsten Stange beendet haben soll.

Der beladene Reitersmann

Als Paar – ein Voltigierer auf dem Pferd und einer, der die Ringe anreicht – zu spielen: Der mitlaufende Voltigierer versucht, so viele Ringe (oder Tennisbälle) wie möglich am Reitersmann, nämlich dem Voltigierer auf dem Pferd, unterzubringen. Wer schafft die höchste Zahl, ohne dass ein Ring herunterfällt? Man kann mit diesem Spiel auch die ganze Gruppe gleichzeitig beschäftigen: Die Kinder werden in zwei Mannschaften geteilt. Aus jeder Mannschaft sitzt einer auf dem Pferd und ist der Reitersmann.

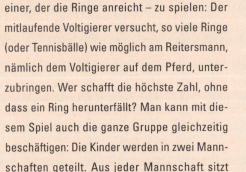

Der Anfang ist noch leicht.

Spass und Spiele

*Stangenübergang:
Augen zu, bitte schön!*

Plätzetausch

Ein Voltigierer sitzt auf dem Pferd, die anderen stehen gleichmäßig verteilt auf dem Außenzirkel. Der reitende Voltigierer merkt sich die Plätze, auf denen die Voltigierer stehen. Nun schließt er die Augen und der Ausbilder lässt zwei Kinder durch Handzeichen die Plätze tauschen. Der Voltigierer nimmt seine Augenbinde ab und sagt, wer gewechselt hat.

Gegenstände ertasten

Ein Voltigierer führt die Schlafübung vor, das heißt er neigt sich im Sitzen mit dem Kopf auf ein vor ihm auf dem Gurt liegendes Kissen und ist mit einer Decke zugedeckt. Dann werden ihm von innen durch die Voltigierer Gegenstände unter die Decke in die Hand gegeben. Durch Tasten muss er im Dunkeln die Gegenstände herausfinden und benennen.

Spielerisch voltigieren

Statt Hüte können auch Sandsäckchen verwendet werden.

Hüte tauschen

Zwei Voltigierer werden mit Hut auf das Pferd gehoben. Jeder Voltigierer am Rand darf einmal „Jetzt!" rufen, worauf die Voltigierer ihre Hüte wechseln müssen. Zu diesem Spiel gibt es viele Variationen: Der Hütewechsel kann im Sitzen und Knien oder Sitzen und Stehen durchgeführt werden. Oder die Kinder stehen auf dem Außenzirkel und eines hat einen Hut auf dem Kopf. Das auf dem Pferd sitzende Kind soll nun diesen Hut abnehmen, ihn sich selbst aufsetzen, eine Übung turnen ohne den Hut zu verlieren, und ihn einem anderen Kind aufsetzen.

Schön kuschelig ist es unter der Decke.

SPASS UND SPIELE

Kleidertransport

Ein Kind sitzt im Rückwärtssitz auf dem Pferd, die Hände an den Griffen. Es hebt die Beine zum Schwebesitz an und führt sie geschlossen nach innen. Ein weiteres, innen mitlaufendes Kind reicht nun ein Kleidungsstück an, welches der Reiter auf die Füße gelegt bekommt. Er führt nun die Beine mit dem gehaltenen Kleidungsstück vorsichtig über den Pferderücken, immer darum bemüht es nicht zu verlieren, und gibt es an ein außen mitlaufendes Kind weiter. Nun kommt die nächste Dreiergruppe an die Reihe.

Vorwärts kann der Transport auch nur mit einem Bein ausgeführt werden.

Der Aufbau einer Voltigierstunde

Um dem Pferd den Spaß am Voltigieren zu erhalten, darf es nicht über seine Fähigkeiten eingesetzt werden. Auch die Kinder sollen Erfolgserlebnisse haben und Fortschritte machen. Die Pausen zwischen den einzelnen Übungen können für Zusatzaufgaben oder Spiele genutzt werden. Eine Voltigierstunde sollte gut geplant werden.

Unterrichtsschwerpunkt

Der Ausbilder wählt für jede Stunde einen Schwerpunkt. Er sollte Alter, Entwicklungs- und Ausbildungsstand der jeweiligen Zielgruppe berücksichtigen. Nicht unbeträchtlichen Stellenwert hat der Spaßfaktor!

In der Übungsvermittlung sollten:
- den Kindern Bewegungsvorstellungen vermittelt werden,
- die korrekten Grundstrukturen der Übungen erarbeitet werden
- die Kinder durch häufiges Üben von der Grobform zur Feinform Sicherheit und Ausführungsgenauigkeit gewinnen
- die Belastungen sich allmählich steigern
- Kinder durch Abwechslung motiviert bleiben.

Der gute Ausbilder überschüttet seine Voltigierkinder nicht mit Korrekturen, sondern gibt kurze, anschauliche Anweisungen. Es lassen sich auch Schlüsselwörter mit den Kinder erarbeiten, um ihnen zu helfen beispielsweise die Sitzhaltung zu korrigieren. Hat man etwa ein Bild von einem gerade und entspannt sitzenden Indianer auf einem Pferd, kann man mit den Kinder die wesentlichen Punkte des Bildes herausarbeiten. Wenn ein Kind dann mit hängendem Kopf, hochgezogenen Schultern und Knien auf dem Pferd sitzt, braucht der Ausbilder nur an den Indianer zu erinnern und oftmals korrigieren die Kinde ihre Haltung in allen Punkten. Jedes einprägsame Bild mit den notwendigen Eigenschaften ist hierfür geeignet!

DER AUFBAU EINER VOLTIGIERSTUNDE

Dehnübungen für Armmuskeln, ... für Wadenmuskeln und Sehnen

Gliederung einer Unterrichtseinheit

Wichtig ist eine Aufwärmphase von zirka zehn bis 15 Minuten. In dieser Anfangsphase bestimmen das Aufwärmen und das Einstellen auf das Pferd beziehungsweise auf die Kinder das Geschehen. Das Ablongieren des Pferdes und ein einleitendes Aufwärmen der Kinder, zum Beispiel durch Spiele rund um das Pferd oder Funktionsgymnastik, ist wichtig zur Vorbereitung der Muskeln, Sehnen und Gelenke auf die weiteren Übungen. Das Überprüfen der Ausrüstung ist unerlässlich für die Sicherheit, bevor mit einfachen Grundübungen begonnen werden kann.

Nun folgt der Hauptteil der Unterrichtsstunde. Er dauert rund 30 Minuten. Hier ist die Gestaltung abhängig von der jeweiligen Gruppe. Das Erlernen neuer Übungen, Korrektur und Verfeinerung, Wiederholen und Üben stehen im Vordergrund. Ideen für neue Übungen oder Spiele beleben das Gruppengeschehen. Der Kreativität der Kinder sind nur die körperlichen und sicherheitsbedingten Grenzen gesetzt.

Entspannende, lockernde Übungen, Wunschübungen und Gespräche über den Stundenverlauf bilden den Schlussteil von zirka zehn bis 15 Minuten. Beim anschließenden Versorgen des Pferdes haben alle Voltigierkinder Gelegenheit, sich bei ihrem Kameraden Pferd zu bedanken. Doch auch das gebrauchte Gerät in der Reitbahn, zum Beispiel Holzpferd und Material, muss verstaut und der Zirkel muss geebnet werden.

Spielerisch voltigieren

In der Gruppe ist Gymnastik am lustigsten.

Sicherheit und Unfallverhütung

Der Ausbilder muss genau wissen, was er von seinen Voltigierkindern verlangt – nicht nur hinsichtlich des Bewegungsablaufs einer Übung selbst, sondern auch mit Blick auf die vorbereitende aufwärmende Gymnastizierung der Kinder. Beschäftigung durch Zusatzaufgaben in den Wartezeiten ist sinnvoll, besonders in der kalten Jahreszeit. Die Anforderungen müssen dem Leistungsniveau der Kinder entsprechen, denn Überforderung führt unweigerlich zu Unfällen. Schwierige Übungen werden ohne Zeitdruck in Ruhe besprochen, sie werden „trocken" probiert und langsam aufgebaut. Hilfestellung ist der entscheidende Faktor. Sturzschulungen sind sinnvoll, um den Kindern die Angst vor der Höhe zu nehmen und das Verhalten beim Herunterfallen zu üben. Reaktions- und Orientierungsübungen erhöhen das Sicherheitsgefühl auf dem Pferd. Die Kinder lernen hierbei das richtige Abrollen, Abbremsen und Abfedern beim Landen auf dem Boden. Schnelles Auf- und Abbauen von Übungen und die Bewegungserfahrung aus anderen Perspektiven, zum Beispiel beim Rückwärtssitz, seitwärts oder auf dem Hals sitzend, fördern Gleichgewicht und Lockerheit.

Eine Turniergruppe bei der Grußaufstellung

Wettkampfsport

Von vielen Reitvereinen werden Turniere in unterschiedlichen Leistungsklassen ausgeschrieben. Im Rahmen dieses Buches soll nur auf die wichtigen Übungen, jedoch nicht auf wettkampfsportliches Voltigieren eingegangen werden. Das Leistungsklassensystem richtet sich nach Wertnoten, die sich aus einer Notenskala von 0 (nicht ausgeführt) bis 10 (ausgezeichnet) errechnen.

Die Pflichtübungen

Die Pflichtübungen sind die entscheidende Grundlage für alle weiteren Übungen. Zunächst werden die Übungen langsam im Halten oder am Holzpferd geübt und anschließend im Schritt, später werden sie im Galopp immer weiter verfeinert.

Anlaufen – Aufsprung – Grundsitz – Abgang nach innen oder außen

Das richtige Anlaufen und Mitgaloppieren ist die Voraussetzung für die verschiedensten Aufgänge. So läuft der Voltigierer parallel zur Longe vom Ausbilder auf das Pferd zu und nimmt kurz vor Erreichen des Pferdes den Galopprhythmus auf. Dann fasst er die Griffe mit beiden Händen an, zieht sich an das Pferd und galoppiert mit den Schultern parallel zu den Schultern des Pferdes aufrecht einige Galopp-

Spielerisch voltigieren

Aufsprung

Wende

sprünge mit. Er springt mit beiden Füßen kraftvoll nach vorn ab, schwingt das rechte Bein möglichst hoch und bringt das Gesäß über die Höhe des Kopfes. Das andere Bein bleibt nach unten gestreckt. Das rechte Bein wird nun nach unten und außen geschwungen und der Oberkörper aufgerichtet, dann geschmeidig in den Sitz geglitten.

Der Grundsitz ist nun Grundvoraussetzung für alle weiteren Übungen auf dem Pferd. Der Voltigierer sitzt direkt hinter dem Gurt. Die Beine liegen am Pferd und die Fußspitzen sind nach unten gestreckt. Der Kopf ist gerade nach vorn ausgerichtet, die Schultern sind locker, der Körper ist leicht gespannt. Er federt locker in der Bewegung des Pferdes mit. Zum Abgang wird das äußere Bein aus dem aufrechten Sitz in einem Halbkreis hoch über den Pferdehals zum lang am Pferd liegenden inneren Bein geführt. Dabei bleibt der Oberkörper aufrecht. Die Griffe werden nacheinander gelöst und wieder angefasst. Nun wird die Hüfte gestreckt, der Voltigierer drückt sich fest von den Griffen ab, landet nach vorn gewandt federnd auf dem Boden und läuft in der Bewegungsrichtung aus. Ebenso, nur mit dem anderen Bein, erfolgt der Abgang nach außen.

Absprung und Wende nach innen oder außen
Die richtige Schwungbewegung ist entscheidend für das Gelingen des Absprungs. Daher sei der Stützschwung als einführendes Element und Grundlage zu weiteren Übungen erklärt. Aus dem aufrechten Sitz werden beide Beine nach vorn geführt und die gestreckten Beine mit einer schnellen kräftigen Bewegung nach

WETTKAMPFSPORT

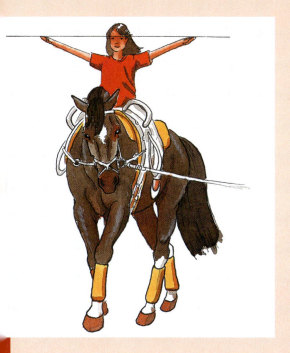

Freier Grundsitz

hinten geschwungen. Wenn die Beine am Gurt vorbei kommen, ist der Oberkörper nach vorn zu neigen, das Gewicht auf die Arme zu stützen und die Hüfte zu strecken. Die Beine sind so hoch wie möglich über den Pferderücken zu schwingen und im höchsten Punkt zu schließen. Die Arme sind nun fast ganz durchgedrückt. Dann knickt die Hüfte ein, die Beine fangen den Schwung sanft neben dem Gurt am Pferd auf und lassen den Voltigierer weich in den Sitz gleiten. Für eine gute Höhe muss der Galoppschwung im richtigen Moment ausgenutzt werden. Für den Absprung nach innen oder außen muss der Voltigierer kurz vor Erreichen des höchsten Punktes mit den Händen kräftig nach hinten und innen beziehungsweise außen abdrücken, loslassen und weich neben der Hinterhand innen oder außen landen.

Der freie Grundsitz
In der Leistungsstufe D ist der freie Grundsitz eine Pflichtübung. Das heißt, aus dem geschmeidigen Sitz werden die Arme in Seithalte genommen. Dazu die Arme zur Seite ausstrecken, die Hände bilden eine weiter führende Linie der Arme. Die Handflächen zeigen nach unten, die Finger sind geschlossen, der Daumen liegt flach an der Hand an. Die Fingerspitzen befinden sich etwa auf Augenhöhe. Die Schultern sind locker unten, die Arme werden nicht nach hinten gezogen.

Spielerisch voltigieren

A-/B-Fahne

D-Fahne

Fahne

Der Voltigierer kniet weich mit beiden Unterschenkeln auf. Die Füße liegen flach auf dem Pferderücken, die Unterschenkel diagonal nebeneinander mit den Fußspitzen nach außen und den Knien nach innen. Nun wird das äußere Bein nach hinten und der innere Arm nach vorn gestreckt. Die Hüfte darf sich nicht mitdrehen, sondern soll flach bleiben. Die Fußsohle zeigt nach oben und die Handfläche nach unten. Hand, Arm, Rücken, Bein und Fußsohle bilden eine federnde gebogene Linie. Hand und Fußsohle befinden sich auf Scheitelhöhe. In der Leistungsstufe D ist die Fahne als zweite Pflichtübung vereinfacht: Der Voltigierer streckt nur das Bein aus.

Nach vier vollständigen Galoppsprüngen wird die Fahne wieder abgebaut und der Voltigierer sitzt wieder weich hinter dem Gurt ein.

Mühle, Quersitz

Die Mühle ist eine Übung, bei der sich der Voltigierer in vier Phasen um sich selbst dreht. Der erste Takt ist ähnlich wie der Abgang, nur dass der Voltigierer im Innensitz bleibt. Im zweiten Schritt wird das hintere Bein über die Kruppe nach außen geführt, das vordere Bein bleibt am Pferd liegen. Der Voltigierer sitzt nach dem Umgreifen rückwärts auf dem Pferd. Nun wird das innen liegende Bein nach außen geführt zum Außensitz. Der Schwerpunkt sollte leicht nach innen verlagert werden, um ein Abrutschen nach außen zu vermeiden. Zum Umgreifen nimmt man die linke Hand an den inneren und die rechte Hand an den äußeren Griff. Im vierten Takt wird das vordere Bein wieder über den Hals zum Grundsitz geführt. Die Beine sollen in einem hohen gleichmäßigen Halbkreisbogen geführt werden. Die Fußspitzen und Beine sind gestreckt und der Oberkörper bleibt aufrecht. Ein Takt dauert vier Galoppsprünge. Entsprechend der Mühle wird in der Leistungsklasse D der Quersitz (innen und außen) verlangt. Er beginnt wie der erste Takt. Jedoch wird der linke Arm vier Galoppsprünge lang zur Seite genommen. Die Blickrichtung ist innen. Nach dem Anfassen wird das rechte Bein zurückgeführt, dann erfolgt die ganze Bewegung nach außen.

Schere, Stützschwung rücklings, Liegestütz
Die Schere zählt zu den Schwungübungen und besteht aus zwei Teilen, der Vorwärtsschere und der Rückwärtsschere. Man beginnt mit einem Stützschwung wie beim Absprung. Mit beiden Beinen wird Schwung geholt, dann werden die Beine nach hinten geschwungen. Auf dem höchsten Punkt kreuzt mit einer Drehung der Hüfte das linke Bein über das rechte. Die Drehung wird in der Abwärtsbewegung zu Ende gebracht, der Voltigierer sitzt weich rückwärts ein. Die Hände greifen um: rechte Hand an den inneren Griff, linke Hand an den äußeren Griff.

Es folgt die Rückwärtsdrehung. Oberkörper und Beine werden zurückgenommen, sodass ein Bogen entsteht, dann die Beine hoch über die Kruppe gehoben. Dabei muss der Voltigierer den Schwung ausnutzen und sich mit den Armen weiter nach oben drücken, sodass das Gesäß vom Pferderücken abhebt. Am höchsten Punkt werden die Beine wieder gekreuzt, das linke Bein ist oben, das rechte unten, und die Hüfte wird nach innen gedreht; nun noch die Beine weit spreizen und sanft in den Sitz zurückgleiten. An den Griffen wird zum Sitz umfasst. D-Gruppen zeigen in der Pflicht statt der Schere den Liegestütz. Dieser wird aus der D-Fahne

Quersitz innen

Quersitz außen

Spielerisch voltigieren

Liegestütz

Einbücken beim Liegestütz

aufgebaut. Das ausgestreckte Bein wird mit dem Fuß ist auf die Kruppe gelegt, dann kommt das andere Bein parallel und geschlossen daneben. Vom Kopf bis zu den Füßen ergibt sich eine Gerade.

Nach vier Galoppsprüngen wird der Po nach oben gedrückt und die Beine werden nach unten gestreckt. Dann weich einsitzen. Nach dem Liegestütz erfolgt ein Abgang nach außen.

Stehen, Knien

Zum Stehen kniet der Voltigierer aus dem Sitz weich auf. Unterschenkel und Füße liegen flach auf dem Pferderücken. Dann mit beiden Füßen gleichzeitig in die Hocke gehen, das Gesäß hoch nehmen. Die Füße stehen etwas hinter dem Gurt etwa hüftbreit auseinander und werden gleichmäßig belastet. Dann wird der Oberkörper in eine aufrechte Haltung gebracht und die Arme in Seithalte genommen entsprechend dem Grundsitz. Die Bewegung des Pferdes wird mit den Hüft-, Knie- und Fußgelenken aufgefangen. Das Stehen wird wiederum vier Galoppsprünge ausgehalten bis die Hände wieder an die Griffe geführt werden. Dann mit gestreckten Beinen zum Sitz zurück.

Bei den D-Gruppen bleibt der Voltigierer knien, richtet den Oberkörper auf und nimmt die Arme in Seithalte. Nach vier Galoppsprüngen wird wieder angefasst und weich eingesessen.

Stehen

Flanke 1. Teil

Einsitzen nach innen

Flanke

Die Flanke ist eine Schwungübung und beginnt mit Schwungholen von vorn und dem Stützschwung. Im höchsten Punkt wird die Hüfte gebeugt, und die Beine werden geschlossen nach vorn zum Innensitz geführt. Dabei wird der Schwung mit den Armen abgefangen. Sofort danach holt man aus dem aufrechten Sitz mit beiden Beinen wieder von vorn Schwung; der Blick geht nach vorn, der Oberkörper wird nach vorn geneigt, die Beine schwingen geschlossen und gestreckt nach hinten oben. Kurz vor dem höchsten Punkt muss kräftig mit den Armen nachgedrückt werden. Nun lässt der Voltigierer los, sodass er noch ein Stückchen höher fliegt, dann weit hinten außen weich landet und in Bewegungsrichtung ausläuft. Für die D-Pflicht wird nur die Wende nach innen verlangt.

Spielerisch voltigieren

Bocksprung von der Kruppe

Die Kür

Eine Kür besteht aus Variationen der Grund- oder Pflichtübungen, auch zu zweit oder zu dritt. Dynamische Elemente verbinden sich mit statischen, und auch die statischen Übungsteile bekommen durch zusätzliche Bewegungen zu passender Musik eine lebendige Note. Einige Beispiele für Kürübungen folgen, die Möglichkeiten sind jedoch unbegrenzt.

Dynamische Übungsformen

KÜRAUFSPRÜNGE

- Aufsprung ins Knien: Nach dem Abspringen vom Boden bleiben die Beine geschlossen, werden angezogen und der Voltigierer landet mit den Unterschenkeln sanft auf dem Pferderücken.
- Aufsprung hinter einen Partner: Der Vordermann fasst mit der linken Hand an den äußeren Griff und reicht dem anlaufenden Voltigierer hinter seinem Rücken die rechte Hand. Der Anlaufende fasst mit der linken Hand an den inneren Griff und mit der rechten an das Handgelenk des Vordermanns, springt ab und wird mit hochgezogen.

KÜRABGÄNGE

- Wende vom Hals: Aus dem Sitz rückwärts auf dem Hals wird Schwung geholt und mit einer halben Drehung nach außen abgesprungen.
- Bocksprung über die Kruppe: Aus der Bank rückwärts setzt der Voltigierer die Hände auf der Kruppe auf, drückt sich mit den Füßen vom Gurt ab und bockt gegrätscht mit gestreckten Beinen weit nach hinten über die Kruppe ab.
- Abrollen aus dem Schulterlieger: Von der Schulter des Untermannes rollt der Voltigierer vorwärts nach außen ab.

ÜBERGÄNGE

- Aus dem Innensitz auf den Pferdehals drehen: Das innere Bein wird über den Pferdehals geschwungen, dabei erfolgt eine halbe Drehung vor den Gurt, sodass der Voltigierer rückwärts auf dem Hals zu sitzen kommt.
- Rolle rückwärts: Aus dem Rückwärtssitz kommt der Voltigierer auf dem Pferd zu liegen. Dabei fasst er die Griffe von unten an und legt den Kopf innen unter die Arme. Der Blick geht zum Pferdehals. Dann zieht er die Beine nach oben vorn, stützt sich auf die Arme und richtet den Oberkörper wieder auf.

Wettkampfsport

Schulterstand, im Stand

Statische Übungsformen – Einzelübungen

- **Prinzensitz:** Der Prinzensitz wird aus dem diagonalen Knien wie bei der Fahne entwickelt. Der rechte Fuß wird neben das linke Knie mit der Fußspitze nach außen gestellt. Der Oberkörper wird aufgerichtet, die Hände können in eine beliebige Position losgelassen werden.
- **Querlieger:** Der Voltigierer liegt quer über dem Pferd, die Beine außen, der Kopf innen. Die Beine können nach oben und unten gespreizt werden, die linke Hand bleibt am Griff, die rechte kann nach oben zeigen.
- **Bank rücklings/Kanone:** Aus dem Rückwärtssitz werden die Füße vorsichtig auf die Kruppe gestellt. Das Gesäß wird angehoben, bis die Hüfte gestreckt ist. Dann wird das rechte Bein hoch gestreckt.
- **Schulterstand:** Die Schulter wird auf dem Widerrist aufgelegt und die Beine werden in die Senkrechte gebracht.

Statische Übungsformen – Partnerübungen

- **Doppelsitzen rückwärts:** Zwei Voltigierer sitzen rückwärts hintereinander auf dem Pferd.
- **Sitzen auf der hohen Bank:** Auch diese Übung ist eine Dreierübung. Ein Voltigierer sitzt vor dem Gurt, ein zweiter steht dahinter und hält sich an den Schultern des Vordermanns fest. Der dritte Voltigierer steht dahinter und springt leicht auf den Rücken des mittleren Voltigierers. Je mehr Arme losgelassen werden, umso schwieriger ist die Übung.
- **Platzwechsel:** Hierbei wechseln zwei Voltigierer aus dem Vorwärtssitz die Positionen. Der Vordermann geht in den Innensitz und umfasst den Hintermann an der Schulter. Dieser fasst den Vordermann an der Hüfte und zieht ihn um sich herum, sodass der Vordermann hinter ihm vorwärts sitzt.

Quellenangaben

Hildegard Rosemann/Ulrike Gast
Breitensport Voltigieren
Deutsche Reiterliche Vereinigung e.V.
Abteilung Jugend
1994

Ulrike Rieder
Voltigieren – Vom Anfänger zum Könner
München, 1997

Literaturhinweise

Hildegard Rosemann
Voltigierspiele – Wertvolle und kreative Basisarbeit
FN-Video

Andrea Titzmann
Voltigieren von den Anfängen bis zum Turnier
Cadmos Verlag 2002

Handorfer Spielekartei
Herausgegeben von
Hildegard Berger,
Barbara Ehring-Hüttemann,
Mechthild Everding-Kraß, Uschi Gohl,
Sigrid Heermann.
Bezugsadresse:
Barbara Ehring-Hüttemann,
An der Moerd 42
48157 Münster

Leistungsprüfungsordnung
(LPO 2000) FN-Verlag

Ulrike Rieder
Voltigieren mit Spaß
Müchen 2002

Ulrike Rieder
Voltigieren – Vom Anfänger zum Könner
Müchen 2002